Il Mio Secondo Libro del Tawhid

Questo libro appartiene a:

Ad Allah
solo adoriamo!

Tradotto da Somayh Naseef

Scritto da Umm Bilaal Bint Sabir
Formato e design di Umm Bilaal Bint Sabir
Cubrir por @ilm.cards

2023 Al Huroof Publishing
© alhuroof
Pubblicato per la prima volta in Sep 2023
edizione tradotta September 2024

ISBN: 978-1-917065-26-9

Para más información contactar:

@al.huroof　X AlHuroofpublishing　✉ alhuroof@hotmail.com

Al Huroof Publishing
Little Muslim Readers
الحروف للنشر

Sia lodato Allah, il Dio di tutta la creazione, e che la pace e le benedizioni di Allah siano con il nostro profeta Maometto, i suoi veri seguaci e tutti i suoi compagni. Procediamo:

SULL'AUTORE

Al Huroof è parte di un progetto in corso chiamato Bait-at-Tarbiyah (Casa dell'Apprendimento), iniziato da un piccolo gruppo di giovani madri musulmane nel 1995 a Londra, Regno Unito. All'epoca, c'era una carenza di materiale autentico di insegnamento islamico per i bambini piccoli. Pertanto, abbiamo deciso di unire le nostre competenze creative e professionali per sviluppare risorse e ausili didattici islamici autentici e divertenti, basati sul Corano (il libro sacro) e la Sunnah. In particolare, sui versi e sul comportamento del Profeta Maometto (che la pace e le benedizioni di Allah siano su di lui), sui suoi compagni e sulla generazione che li ha seguito.

L'attenzione iniziale era rivolta a quattro progetti: flashcard, riviste, video e giocattoli morbidi; alcuni dei quali devono ancora essere sviluppati. Fino ad oggi, abbiamo pubblicato 4 riviste di Al Huroof, una serie di carte che presentano i 5 pilastri dell'Islam e delle magliette.

Grazie ad Allah! Da allora, i collaboratori sono cresciuti nelle loro capacità professionali. L'autrice principale fa fino ad ora 18 anni di esperienza nell'insegnamento dell'EFL, nella formazione degli insegnanti e una recente esperienza nella gestione delle scuole primarie; tutto ciò fornisce un'importante visione per progettare materiale didattico. Speriamo di continuare nei nostri sforzi per sviluppare ausili didattici e contribuire al crescente mondo di materiale di insegnamento islamico autentico, tenendo presente che tutto questo sforzo è per Allah. Utilizzando le abilità con cui Lui, Subhaanahu, ci ha benedetto, speriamo di aiutare nella diffusione della conoscenza autentica ovunque possibile. Che Allah lo accetti da noi, ameen.

Sulal traduttrice:

Come insegnante di lingue appassionata e certificata, a volte assumo il ruolo speciale di tradurre libri per bambini per lasciare un segno significativo. La mia lingua preferita è , ma traduco anche tra inglese, francese, italiano e tedesco. Credo nel creare traduzioni che siano accessibili e coinvolgenti per i giovani lettori, aiutandoli a imparare nuove parole mentre si godono la storia. Per me, tradurre libri per bambini è un'opportunità unica per restituire alla comunità e ispirare le giovani menti. Ogni libro che traduco è un'occasione per connettere il mondo attraverso la bellezza della lingua.

Come Usare Questo Libro

Note per i genitori

Questo è il secondo libro di una serie di tre sul Tawhid. Nella lingua araba, Tawhid significa 'rendere qualcosa unico'. Nella Sharia islamica (Legge islamica), significa destinare l'adorazione solo ad Allah. Questo è il fondamento della nostra religione. Il Tawhid è la conoscenza e il riconoscimento che il nostro Dio è unico con tutti gli attributi di Perfezione, Grandezza e Maestà, e unico nell'adorazione. Il nostro primo libro era incentrato sul Tawhid-ur-Ruboobiyyah - riconoscere Allah come il solo Dio.

Questo libro si concentra sul Tawhid-al-Uloohiyyah, che significa dedicare le nostre azioni ad Allah (cioè adorarLo).** Dovremmo sapere che Allah ha il diritto esclusivo di essere adorato da tutta la Sua creazione. Lui solo dovrebbe essere adorato e dovremmo rendere la religione puramente e sinceramente solo per Lui. Questo è il Tawhid al-Uloohiyyah - chiamato anche Tawhid-al-Ibaadah o il Tawhid dell'adorazione di Allah. * Aiuta tuo figlio a comprendere questa base guidandolo a collegare l'aspetto dell'adorazione al Tawhid-al-Uloohiyyah.

Usa le immagini e il testo come incentivo per fare domande e guidare le loro risposte. Ci siamo impegnati a mantenere il linguaggio semplice ma coinvolgente per il livello target dei giovani lettori, con alcune eccezioni che richiederanno l'aiuto dei genitori o di altri per semplificare.

PAF (paroli di alta frequenza)

Nella parte inferiore di ogni pagina, vedrai un elenco di parole ad alta frequenza (PAF) prese dalle prime 20 PAF per bambini dai 5 ai 7 anni. Ci sono anche nuove parole aggiuntive (PN) che non sono nella lista delle PAF ma sono usate per aiutare a descrivere le immagini su ogni pagina. Incoraggia tuo figlio a pronunciare tutte le parole e offri un suggerimento se ha bisogno di aiuto.

Speriamo che tuo figlio si diverta a leggere questa breve serie sul Tawhid, basata sulla comprensione del Salaf-us-Saalih. Dopo aver lodato Allah, Subhaanahu, vorremmo ringraziare tutti coloro che hanno fornito accesso a software di design, formattazione di libri e preziosi feedback sui contenuti. Che Allah lo accetti come opera di carità continua (sadaqa yariyah) per tutti loro, ameen.

*Ref: *Ref: Note dalle conferenze audio di 'Kitab-at Tawhid', dalle opere di Imaam Muhammad ibn 'Abdil-Wahhaab, Imaam as-Saa'idi, e Shaykh Uthaymeen, tradotte da Daawood Burbank, che Allah abbia misericordia di loro.
**Ref: Note dalle conferenze audio di 'Al-Qawaid Al-Arb'aa' parte 1 dalle opere di Imaam Muhammad ibn 'Abdil-Wahhaab spiegato da Shaykh Fawzan, tradotte da Abu Muadh Taqweem

Dedicato ai miei genitori
(Che Allah abbia misericordia di loro)
E a due bambini speciali.

Paroli di alta frequenza

la
Kaaba.

la
moschea

il
Corano

pregare

la zakat

pregare

il sole

gli
alberi

la luna

piovere
6

le stelle

le pietre

l'adan.

viaggaire

du'a

digiunare

Ramadan

recitare

sacrificare

peregrinazione

Arabia Saudita

aiutare

sadaqa

nutrire

Allah è il nostro Dios e Creatore.

Noi Lo adoriamo solo.

Cos'è l'adorazione?

Scopriamolo!

Lo adoriamo

L'adorazione è tutto ciò che Allah ama e di cui si compiace, come..

pregare,
fare duaa, recitare il Corano, digiunare, dare soldi ai poveri (zakat e sadaka), fare il pellegrinaggio (Hajj e Umrah), aiutare gli altri e altro ancora. .

Come adoriamo solo Allah?

la Kaaba   la moschea   il Coráno    zakat    pregare

Lo adoriamo

Questa è **la moschea.**

Qui è dove
preghiamo.

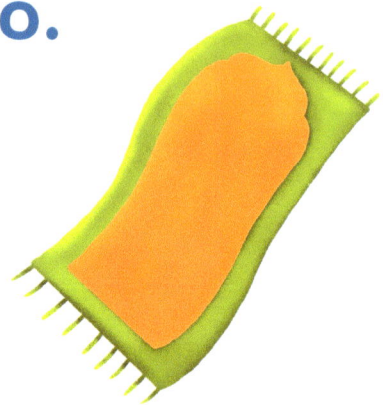

pregare

la
moschea

la moschea

Quando **preghiamo**...

Non preghiamo
le persone...

Non preghiamo per
metterci in mostra.

A chi preghiamo?

pregare

pregare

Possiamo **pregare** il sole, la luna, le stelle o gli alberi?

No!

Perché?

Allah ha creato il sole, la luna, le stelle e gli alberi!

Sono la creazione!

Preghiamo Allah, il Creatore!

il sole

gli alberi

la luna

le stelle

le pietre

il creatore

Quando chiediamo qualcosa ad Allah, facciamo **du'a**.

Facciamo du'a quando...

Sentiamo l'adhan...

Viajamos...   Preghiamo...

E quando piove!

piovere    l'adan   viaggiare    du'a

PRAY

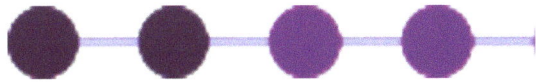 du'a

Quando facciamo **du'a**...

Non facciamo du'a
alle persone...

Non facciamo du'a per
metterci in mostra.

?

A chi facciamo du'a?

du'a

du'a

il Corano è

il libro di Allah

il Corano

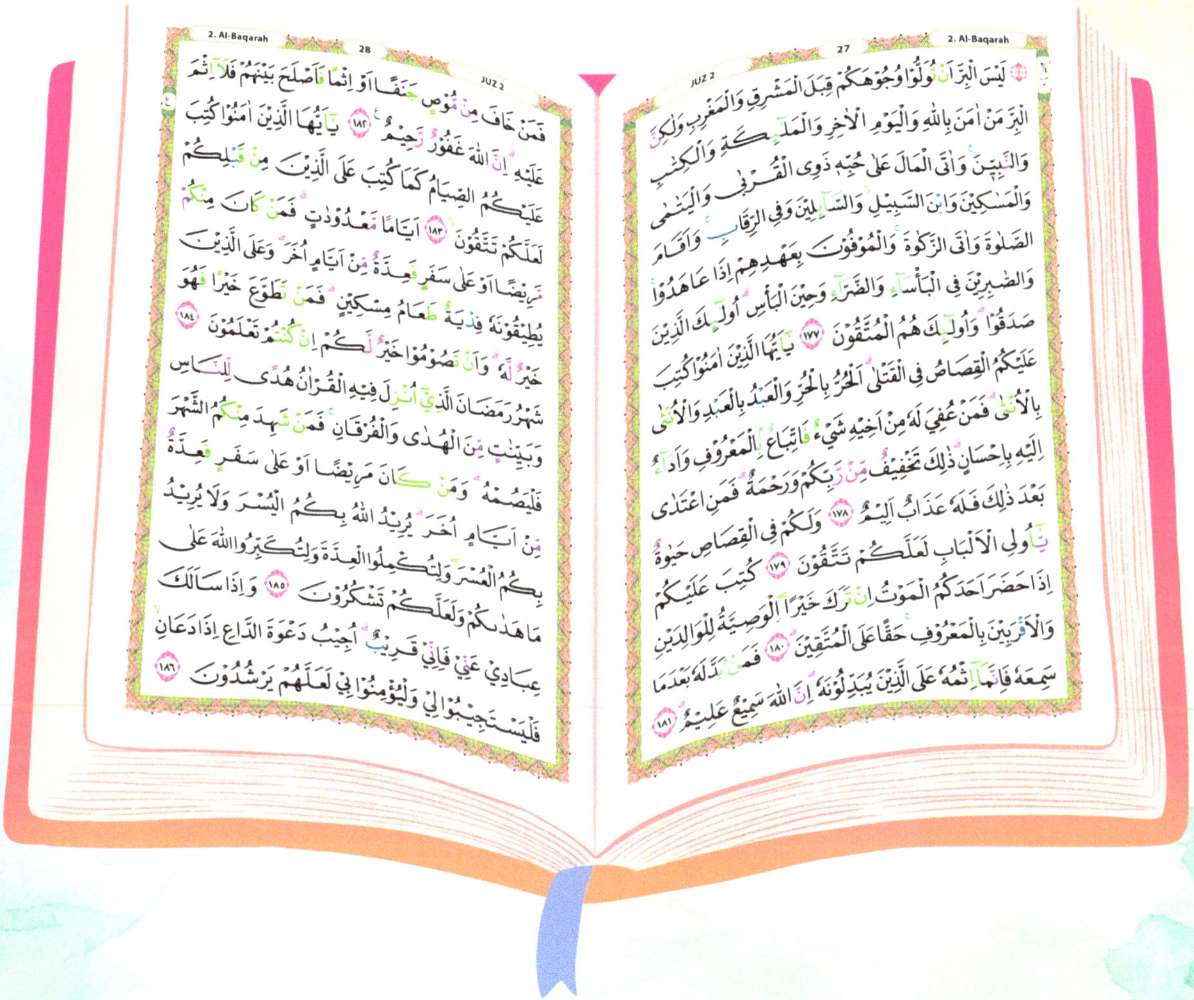
2. Al-Baqarah
27
JUZ 2
لَيْسَ الْبِرَّ اَنْ تُوَلُّوا وُجُوهَكُمْ قِبَلَ الْمَشْرِقِ وَالْمَغْرِبِ وَلٰكِنَّ
الْبِرَّ مَنْ اٰمَنَ بِاللّٰهِ وَالْيَوْمِ الْاٰخِرِ وَالْمَلٰٓئِكَةِ وَالْكِتَابِ
وَالنَّبِيّٖنَۚ وَاٰتَى الْمَالَ عَلٰى حُبِّهٖ ذَوِي الْقُرْبٰى وَالْيَتَامٰى
وَالْمَسَاكٖينَ وَابْنَ السَّبٖيلِۙ وَالسَّٓائِلٖينَ وَفِي الرِّقَابِۚ وَاَقَامَ
الصَّلٰوةَ وَاٰتَى الزَّكٰوةَۚ وَالْمُوفُونَ بِعَهْدِهِمْ اِذَا عَاهَدُواۚ
وَالصَّابِرٖينَ فِي الْبَأْسَٓاءِ وَالضَّرَّٓاءِ وَحٖينَ الْبَأْسِۜ اُولٰٓئِكَ الَّذٖينَ
صَدَقُواۜ وَاُولٰٓئِكَ هُمُ الْمُتَّقُونَ ١٧٧ يَٓا اَيُّهَا الَّذٖينَ اٰمَنُوا كُتِبَ
عَلَيْكُمُ الْقِصَاصُ فِي الْقَتْلٰىۜ اَلْحُرُّ بِالْحُرِّ وَالْعَبْدُ بِالْعَبْدِ وَالْاُنْثٰى
بِالْاُنْثٰىۜ فَمَنْ عُفِيَ لَهُ مِنْ اَخٖيهِ شَيْءٌ فَاتِّبَاعٌ بِالْمَعْرُوفِ وَاَدَٓاءٌ
اِلَيْهِ بِاِحْسَانٍۜ ذٰلِكَ تَخْفٖيفٌ مِنْ رَبِّكُمْ وَرَحْمَةٌۜ فَمَنِ اعْتَدٰى
بَعْدَ ذٰلِكَ فَلَهُ عَذَابٌ اَلٖيمٌ ١٧٨ وَلَكُمْ فِي الْقِصَاصِ حَيٰوةٌ
يَٓا اُولِي الْاَلْبَابِ لَعَلَّكُمْ تَتَّقُونَ ١٧٩ كُتِبَ عَلَيْكُمْ
اِذَا حَضَرَ اَحَدَكُمُ الْمَوْتُ اِنْ تَرَكَ خَيْرًاۚ اَلْوَصِيَّةُ لِلْوَالِدَيْنِ
وَالْاَقْرَبٖينَ بِالْمَعْرُوفِۚ حَقًّا عَلَى الْمُتَّقٖينَۜ ١٨٠ فَمَنْ بَدَّلَهُ بَعْدَمَا
سَمِعَهُ فَاِنَّمَٓا اِثْمُهُ عَلَى الَّذٖينَ يُبَدِّلُونَهُۜ اِنَّ اللّٰهَ سَمٖيعٌ عَلٖيمٌۜ ١٨١
2. Al-Baqarah
28
JUZ 2
فَمَنْ خَافَ مِنْ مُوصٍ جَنَفًا اَوْ اِثْمًا فَاَصْلَحَ بَيْنَهُمْ فَلَٓا اِثْمَ
عَلَيْهِۜ اِنَّ اللّٰهَ غَفُورٌ رَحٖيمٌ ١٨٢ يَٓا اَيُّهَا الَّذٖينَ اٰمَنُوا كُتِبَ
عَلَيْكُمُ الصِّيَامُ كَمَا كُتِبَ عَلَى الَّذٖينَ مِنْ قَبْلِكُمْ
لَعَلَّكُمْ تَتَّقُونَۙ ١٨٣ اَيَّامًا مَعْدُودَاتٍۜ فَمَنْ كَانَ مِنْكُمْ
مَرٖيضًا اَوْ عَلٰى سَفَرٍ فَعِدَّةٌ مِنْ اَيَّامٍ اُخَرَۜ وَعَلَى الَّذٖينَ
يُطٖيقُونَهُ فِدْيَةٌ طَعَامُ مِسْكٖينٍۜ فَمَنْ تَطَوَّعَ خَيْرًا فَهُوَ
خَيْرٌ لَهُۜ وَاَنْ تَصُومُوا خَيْرٌ لَكُمْ اِنْ كُنْتُمْ تَعْلَمُونَ ١٨٤
شَهْرُ رَمَضَانَ الَّذٖٓي اُنْزِلَ فٖيهِ الْقُرْاٰنُ هُدًى لِلنَّاسِ
وَبَيِّنَاتٍ مِنَ الْهُدٰى وَالْفُرْقَانِۚ فَمَنْ شَهِدَ مِنْكُمُ الشَّهْرَ
فَلْيَصُمْهُۜ وَمَنْ كَانَ مَرٖيضًا اَوْ عَلٰى سَفَرٍ فَعِدَّةٌ
مِنْ اَيَّامٍ اُخَرَۜ يُرٖيدُ اللّٰهُ بِكُمُ الْيُسْرَ وَلَا يُرٖيدُ
بِكُمُ الْعُسْرَۘ وَلِتُكْمِلُوا الْعِدَّةَ وَلِتُكَبِّرُوا اللّٰهَ عَلٰى
مَا هَدٰيكُمْ وَلَعَلَّكُمْ تَشْكُرُونَ ١٨٥ وَاِذَا سَاَلَكَ
عِبَادٖي عَنّٖي فَاِنّٖي قَرٖيبٌۜ اُجٖيبُ دَعْوَةَ الدَّاعِ اِذَا دَعَانِۙ
فَلْيَسْتَجٖيبُوا لٖي وَلْيُؤْمِنُوا بٖي لَعَلَّهُمْ يَرْشُدُونَ ١٨٦

il Corano

Quando recitiamo **il Corano**...

Non recitiamo per metterci in mostra.

Per chi recitiamo?

recitare  il Corano

recitare   il Corano

Il mese di **Ramadan**
arriva ogni anno!

In questo mese,
digiuniamo.

Ramadan  digiunare

Ramadan   digiunare

Quando **digiuniamo**...

Non digiuniamo
per la gente...

Non digiuniamo per
metterci in mostra.

Per chi digiuniamo?

digiunare

digiunare

Questa è la Casa di Allah, **la Kaaba**.

La Kaaba è **alla Mecca**,
in **Arabia Saudita**.

Andiamo alla Mecca per fare il
pellegrinaggio **hajj** e **umrah**.

peregrinazione

Arabia
Saudita

La Kaaba La Mecca

Quando facciamo **hajj** o **umrah**...

Non andiamo
per la gente..

Non andiamo per
metterci in mostra?

?

Per chi andiamo?

peregrinazione

hajj umrah

Quando facciamo un **sacrificio**...

Non lo facciamo per la gente...

o per il sole, la luna
o le stelle.

Non lo facciamo per
metterci in mostra.

Per chi lo facciamo?

scarificare

Eid al Adha

scarificare

Ogni anno, i musulmani devono dare soldi ai poveri.

Questo si chiama **zakat**.

I musulmani possono anche dare soldi per aiutare le persone.

Questo si chiama **sadaqa**.

zakat

zakat   sadaqa

Quando diamo **zakat** o **sadaqa**...

Non lo facciamo per metterci in mostra.

Per chi lo facciamo?

dakat
sadacá

 **zakat** **sadaqa**

Quando diamo da mangiare
alle persone...

Non lo facciamo per
metterci in mostra.

?

Per chi li diamo da mangiare?

nutrire

nutrire

Quando **ci aiutiamo** a vicenda...

Non lo facciamo per metterci in mostra.

?

Per chi lo facciamo?

auitare

auitare

Sei pronto a scoprire perché adoriamo Allah? Adorazione

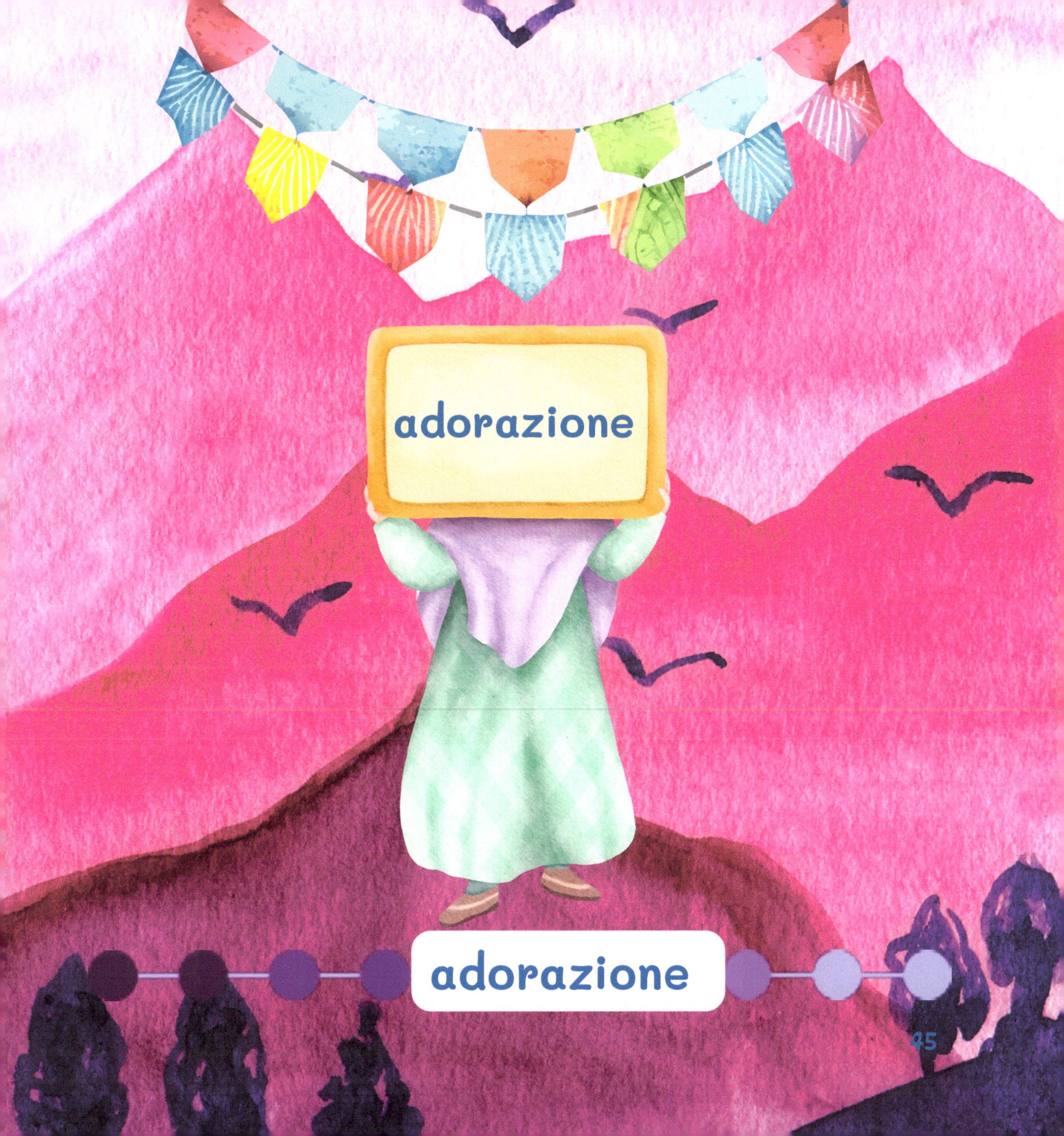

adorazione

Preghiamo, digiuniamo, recitiamo il Corano, facciamo du'a, diamo zakat, sadaqa, facciamo hag / peregrinazione e aiutiamo gli altri

Tutto solo per Allah.

Questa è **adorazione**.

Questa è **Ibaadah**.

Questo è **Tawhid-al-Uloohiyyah**.

Tawhid-al-Uloohiyyah

Adorare
solo Allah

L'Unicità dell'Adorazione di Allah!

Tawhid-al-Uloohiyyah

Dobbiamo fare tutta la nostra adorazione solo per Allah?

Sì! Dobbiamo adorare Allah sinceramente.

Come lo sappiamo?

Allah ce lo dice nel Corano:

el Corano:

48

"Di' (oh Maometto): in verità, mi è stato comandato di adorare Alá Solo obbedendoGli e compiendo atti religiosi sinceramente solo per amore di Allah e non per ostentare..."

Surah az- Zumar ayah 11

"Di' (oh Maometto): adoro Al Solo compiendo atti religiosi sinceramente solo per amore di Allah e non per ostentare..."

Surah az- Zumar ayah 14

sincero

Paroli di alta

- il/la/i/le - the
- di - of
- e - and
- a - to
- in - in

- è - is
- che - that/what
- per - for
- con - with
- non - not

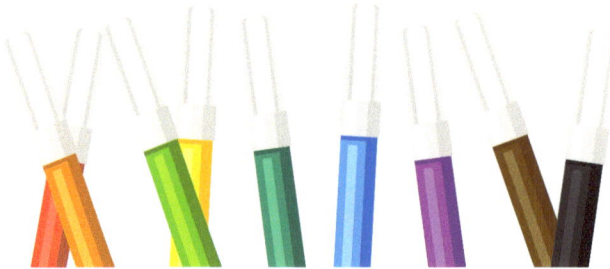

alta frequenza

- un/una - a/an
- al - to the (a + il)
- mi - my
- suo/sua - his/her
- questo/questa - this

1. sì - yes
2. quando - when
3. noi - we
4. come - how/like/as
- dove - where

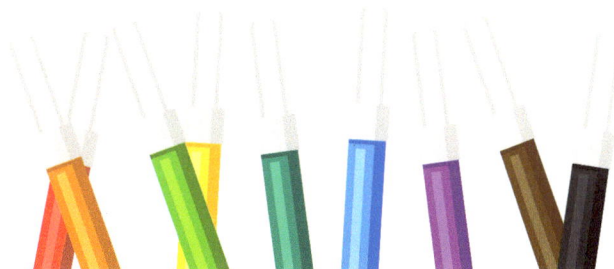

SERIE PER BAMBINI SUL
TAWHID

ENGLISH

ALLAAH
Alone we Worship

ALLAAH
Created Everything!

Names and Attributes OF ALLAAH

FRENCH

ALLAAH
a tout créé !

ALLAAH
Seul Nous Adorons!

GERMAN

ALLAH
hat alles erschaffen!

ALLAH
allein beten wir an!

SPANISH

¡A AL
solo ador

¡ALÁ
Creó Todo!

ombres más Hermosos de ALÁ
99
Parte 1

ITALIAN

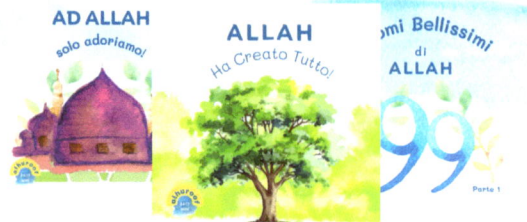

AD ALLAH
solo adoriamo!

ALLAH
Ha Creato Tutto!

mi Bellissimi di ALLAH
99
Parte 1

URDU

LETTURA AUTENTICA PER BAMBINI !

50

www.ingramcontent.com/pod-product-compliance
Lightning Source LLC
LaVergne TN
LVHW072119070426
835511LV00002B/24